Dekiai Riron

どうしようもなく愛される女になる

「溺愛理論」27のルール

溺愛コンサルタント
瀬里沢マリ

マガジンハウス

ブックデザイン
アルビレオ

イラスト
pai

撮影
中山 百

撮影協力
Café Boulud
New York City

Prologue

はじめに

友人から彼氏に溺愛されているのろけ話を聞いて、「そんな優しい男性と付き合えてうらやましい」と思ったことはありませんか？

「私の彼氏は優しくない！」と憤ったことはありませんか？

はたして男性は、「優しい男性」と「優しくない男性」に分類されて、「優しい男性」と付き合えた女性だけが、溺愛されるのでしょうか？

男性の行動を注意深く観察したことがあれば、そうではないことに気付いているのではないでしょうか？

同じ男性でも、Aちゃんには優しくて、Bちゃんには扱いが雑、ということがあります。

そのAちゃんが絶世の美女で、Bちゃんが身なりに全く気を遣わない女性、だったら納得する方も多いかもしれませんが、必ずしもそうではないですよね。

最上級に大切にされるAちゃんが、女性から見ても別格の超美人という場合もあれば、「たいして美人ではないのに、なんであの子はあんなにモテるの？」という場合もあります。

また、雑に扱われるBちゃんは、女性から見ても「メイクとかすればいいのに」という場合もあれば、「あんなにいい子なのに、なんで彼氏はあんな扱いをするの？」という場合もあります。

この違いはどこから来るのでしょうか？

全てはその女性が「溺愛される行動」をしているかどうか、です。
その行動をした瞬間、男性は理由もわからず溺愛してしまうのです。

Aちゃんは「溺愛される行動」をしたから、「なぜだかわからないけれど大事にしたくなる」「大切に扱わなきゃいけないと思う」と男性の優しさを引き出すことができるのです。

一方、Bちゃんは「溺愛される行動」をしないから、どんなにいい子でも溺愛されないのです。

優しい男性も優しくない男性もいません。**どんな男性も女性を溺愛するポテンシャルを持っているのです。**その男性の優しさを引き出せるかどうかは、あなたが溺愛される行動をできるかどうかにかかっています。

私はこの「溺愛される行動」を独自に研究し、わかりやすく体系化したものを「溺愛理論」と名付けて、溺愛されたいと願う女性にお教えする溺愛コンサルタントとして活動しています。

はじめは3回ふられた執念から一人で研究し、実践していたのですが、二〇一三年にニューヨークに移住してからは、女子会で友人にも教えるようになったところ、非常に好評であっという間にクチコミが広がりました。そのうち、順番待ちの列ができたので、「高学歴女子の恋愛サロン in NY」というブログを開設し、待っている間みんなに自習してもらうことにしました。

そのうちにブログの読者さんからも相談にのってほしいというお問い合わせが来

るようになったので、ブログを通してオンラインで個別セッションやセミナーを行うようになり、さらに日本に出張してセミナーやイベントを開催したりと、どんどん活動を広げていきました。二〇一五年からこの活動を始め、これまで、のべ一三〇〇人以上にアドバイスをしてきました。昨年はこの溺愛理論をまとめた本も出版することができました。

そうやって広めていく中で、溺愛理論の基本を教えることはできたけれども、私の場合はどうしたらいいのか、こういう状況ではどう行動したらいいのか、という個別のご相談は後を絶ちません。そこで、もっと具体的な場面での溺愛される行動を詳しく教えたいなと、この本では、場面に応じて使えるような溺愛理論の本を書きました。できるだけ「この時はこうする」というパターンだけではなくて、「なぜそうした方がいいのか」考え方も書いているので、似たような事例に対しては、自分でも応用できるようになるのではないかと思います。

第1章では溺愛理論のその前に、恋愛で失敗しないために、必ずおさえておいてほしいことを書いています。第2章では、具体的に溺愛されたい女性がどう行動すればいいのかを場面に応じて書いています。第3章では、結婚した後もずーっと溺

Prologue

愛され続けながら、理想の男性に成長していってもらう方法を書いています。

ずーっと溺愛され続けるかどうかは、女性の行動にかかっています。最初は、溺愛される行動と真逆の行動をうっかりとってしまったり、つい忘れてしまうこともあるかもしれません。しかし、ひとたび溺愛されれば、あとは少しだけ気を付けて、溺愛される行動ができているか時々振り返るだけで大丈夫です。

溺愛されて、安心感と幸福感に包まれて生活できるようになったら、体じゅうにエネルギーが巡ってくると思いますので、ぜひそのエネルギーで仕事でもやりたいことでも邁進《まいしん》して、ますます輝く人生を送ってくださいね。

また、男性も好きな女性を溺愛することができて、男としての自信をつけて、ますますお仕事も頑張れることでしょう。**女性が男性に溺愛されるのは、女性にとっても男性にとっても、双方にとってハッピーな状態なのです。**

一緒に溺愛される女性になりましょう。

瀬里沢マリ

Contents

第2章 男が放っておけない女になる「溺愛理論」実践編

第3章 「溺愛理論」応用編
ずっと愛され続ける女になる

第１章

恋愛で失敗する女から卒業する

「溺愛理論」

基本編

Basic

Rule 1

恋愛で失敗する
原因はたった一つ。
男性の本質に反する
行動をしたから。

Rule 1 恋愛で失敗する原因はたった一つ。男性の本質に反する行動をしたから。

Point

どんな男性も本質的に、女性を幸せにしたいといつも思っています。その気持ちをぺしゃんこにする行動、「あなたは私を幸せにしていない」と責めるのは絶対にやめて。

恋愛で失敗する原因は何だと思いますか？

「私が可愛くないせいだ、生まれつきの美人はずるい」という女性がいますが、違います。

こう言ってはなんですが、文句のつけようのない美人なのに、いつも恋愛で苦労している子とかいるじゃないですか。

「恋愛経験が少ないせいだ」という女性がいますが、違います。

クライアントさんの中には、三十歳まで彼氏がいなかったけれど、溺愛される方法を実践した結果、理想の男性とお付き合いし、結婚した女性もいます。

「男心がわからないから」というのは一理ありますね。ある程度、男性心理をわかっている女性の方が恋愛でうまくいく確率も高いでしょう。ただし、男性の考えていることをすべて理解する必要はありません。私も男性の行動で疑問なことはたくさんあります。なんでそんなに戦闘機が好きなのかとかわかりませんし……。

男心はすべて理解する必要はなくて、たった一つ、おさえておけば大丈夫です。

それは「男性の本質」です。

男性の本質を満たす行動ができれば、男性は幸福感とともにその女性を溺愛し、ずっと大切にします。逆に、男性の本質に反する行動をとれば、満たされない気持ちになって、その女性に対して冷たい態度をとったり、その女性から去って行ってしまいます。

恋愛で失敗する原因は一つです。男性の本質に反する行動をしたから。それだけです。

「男性の本質」を理解しましょう

あなたは私を
幸せにしている!
女性を
幸せにしたい!

では、男性の本質とはなんでしょう?

それは「女性を幸せにしたいといつも思っている」ということです。

どんな男性も、こう思って生きているのです。唯一おさえておかなければいけないポイントが「女性を幸せにしたい」だなんて、男性ってなんて優しいのでしょう。私はこの事実にたどり着いた時に、男性の優しさに驚《きょう》愕《がく》しました。にわかには信じられなかったので、あらゆる男性に対して検証したのですが、本当に、どんな男性も本質的にこう思っているのです。

ちなみに、ニューヨークに移住してからは、あらゆる国の男性に対しても検証したのですが、やっぱりここはゆるぎない事実でした。
だから、男性に溺愛されたいすべての女性は、「男性は女性を幸せにしたいと思っているんだ」としっかり胸に刻んでくださいね。これを満たす行動さえとれば、溺愛されます。

男性の本質を満たす行動とは、「女性を幸せにしたい」という男性の気持ちを理解して、それを満たしてあげるような行動です。つまり、男性に「俺が彼女を幸せにしているんだぞ」と実感してもらう、ということです。その具体的な行動については第2章で詳しく説明していきます。

その逆の、**男性の本質に反する行動とは、「あなたは私を幸せにしていない」ということを直接的、または間接的に伝える行動です。**

直接的に伝えるダメな例には、こんなものがあります。

・「別れたい」と言う
・「あなたなんかと結婚するんじゃなかった」と言う
・「○○ちゃんの彼氏はこんなふうに幸せにしてくれるのに、あなたは何もやってくれない」と言う

本心ではなくても、喧嘩したはずみで言ってしまう方もいるかもしれませんが、これを言われた男性は深く傷つきます。別れる決意をするかもしれません。じゃあその○○ちゃんの彼氏と付き合えよ、と思うかもしれません。一度でも口にすると致命的な結果を招く可能性のある恐ろしい台詞なので、絶対に言わないでくださいね。

間接的に伝えるダメな例には、こんなものがあります。

・彼が何もやらないうちから、「どうせやってくれない」という態度を

とる
・彼がやろうとしたことに対して、彼のやり方ではなく自分のやり方でくどくどと注文をつける
・彼が良かれと思ってやったことに対して、「こんなことされても嬉しくないわよ」と言う
・彼がやってくれると言っているのに、やらなくていいと言って自分でやる

どれもせっかく男性が幸せにしたいと思ってくれているのに、その気持ちをぺしゃんこにしてしまう行動です。「俺は信頼されていない、俺じゃ幸せにできないと思われているんだ」と悲しくなってしまいます。

パートナーに不満のある女性は、ついついこんな態度をとってしまうこともあるかもしれませんが、こんなことをしたら、ますます彼は何もやってくれなくなってしまいますよ！　だって、一番大事にしてほしい男性の本質をないがしろにされているんですから。拗《す》ねてしまったり、

Rule 1 恋愛で失敗する原因はたった一つ。男性の本質に反する行動をしたから。

諦めてしまったり、その女性を大事にする気力がなくなってしまいます。

このように男性の本質に反した行動をすると、男性は満たされない気持ちになってその女性を大事にしなくなったり、愛情表現をしなくなったりします。

これまでの恋愛を振り返って、彼と別れた原因や、喧嘩した原因、夫婦関係がうまくいかなくなったきっかけを思い出した時に、こんなふうに男性の本質に反した行動をとってしまったなと思い当たる方もいるのではないでしょうか？　恋愛で失敗しないために、今すぐやめてください。

男性に溺愛されるためには、まずは、やってはいけない行動をやめるところから始めましょう。

どんなに溺愛される行動をしても、この男性の本質に反する行動を続けるかぎり、穴のあいたバケツに水を入れるようなものです。せっせと愛情を注いでも、「男性の本質に反する行動」という穴があいているかぎり、なかなか愛情がたまりません。

ましてや、愛情を注ぐための溺愛される行動をしないで、ただただ男性の本質に反する行動だけしてしまうと、男性の愛情がどんどんなくなって、いつかすっからかんになってしまうこともあり得ます。なので、男性の本質に反する行動は、金輪際、絶対にやらないでくださいね！

Rule 2

自分で自分の不安をコントロールする。

Point

男性の本質を満たす行動ができないのは、自分をコントロールできずに、不安をぶつけてしまうから。不安な時は、「不安になっている自分」に気付こう。

ルール１の「恋愛で失敗する原因はたった一つ。男性の本質に反する行動をしたから」、この具体例を見た時に、「まさかこれが悪いことだなんて、微塵《みじん》も思っていなかった」という女性はいないと思います。自分でもよくないなと自覚していたり、こういう行動は男性に嫌がられると、どこかで聞いたことがあるのではないでしょうか。それなのに、こんな恐ろしい言葉を投げつけてしまうのです。

なぜそうやって男性の本質に反した行動をしてしまうかというと、理由は二つです。**一つは男性の本質を満たす行動を知らないから。もう一つは、男性の本質を満たす行動がわかっていても、自分をコントロール**

できないから。前者については第2章で詳しく述べていきますので、ここでは、自分をコントロールできない理由について述べます。

なぜ自分をコントロールできないかというと、恋をしている時は、その時の感情に振り回されてしまい、冷静でいられなくなってしまうからです。特に女性は、ホルモンの影響もあり、メンタルが一定で全くぶれないということはありません。良いことがあったら浮かれすぎてしまうし、逆に些《さ》細《さい》なことでも不安になってしまうのです。

浮かれる場合はいいんです。浮かれすぎて変なことしちゃったな、ということはあっても、浮かれたために男性の本質に反する行動をすることはめったにありません。問題は不安な時です。不安のあまり、わかっていてもやってはいけない行動をとってしまう。不安に振り回されて、無自覚に間違った行動をとってしまう。自分をコントロールできずに致命的な失敗をしてしまうのは、圧倒的に不安な時です。

不安な時に、不安を彼に解消してほしいとぶつけてしまうと、男性の本質に反する行動となってしまうことが多いのです。なぜなら、不安な時に、「私はこんなに不安なの」と不安な気持ちをわかってほしくてぶつけても、**男性はそもそも相手の気持ちに寄り添ったり共感することが得意ではないので、望む反応を得られることが少ないのです。**そんな反応だと、ますます自分がいかに不安なのかを伝えたくなるのですが、それって男性にとっては、「あなたのせいで私はこんなに不安なんです、幸せじゃないんです」ということを訴えられている気分になり、男性の本質に反することになってしまうんですね。

不安な時に行動すると、目的が彼から溺愛されること、ではなくて自分の不安を解消すること、になってしまうのです。

偉そうに言っていますが、私も恋愛において、自分をコントロールすることは苦手でした。その最たる例が、同じ男性に3回もふられた話ですね。全然好かれている手ごたえがなかったのに、3回も告白する時点で不安に駆られて致命的な失敗を犯しています。

Rule 2

自分で自分の不安をコントロールする。

不安だから「このあいまいな関係を白黒はっきりさせたい！」と思って告白してしまったのです。どうせふられるってわかっていてもやっちゃう。勝手に不安になって、勝手に自爆するパターン。自分をコントロールできないと、良い結果は導き出せません。

自分をコントロールするためには、どうしたらいいでしょうか？

一つ覚えておいてほしいのは、不安になっている自分を自覚すると、変な行動をするのを避けられるということです。**今自分は不安なんだ、と自覚できると、自分がしようとしている行動が溺愛される行動なのか、不安をぶつけるだけの行動なのか、冷静に判断できるのです。**

そして、たいていの場合は、不安をぶつけるだけの行動なので、「いけないいけない、不安になって変なことするところだった」と気が付いて、やめることができます。冷静に判断できない、という人は、「今、私は不安だ」と自覚した瞬間、ベッドに入って何も行動しないでください。余計なことをするくらいなら、何もしない方がいいのです。

Rule 3

ご機嫌な人生は自分で作れる！

Point

常にご機嫌でいたら、不安にひっぱられずに自分をコントロールすることができる。

溺愛される女性は、常にご機嫌な状態でいなければなりません。**常に自分で自分をご機嫌にできる女性は、不安に駆られて男性の本質に反する行動をすることが少ないので、恋愛で失敗しにくいのです。**なぜなら、常に自分がご機嫌な状態でいれば、多少の不安要素があっても「まぁ大丈夫だろう」と楽観的に考えられるからです。

皆さんの周りにもいませんか？　いつも機嫌が良さそうで、いつ見ても楽しそうな女性。そんな女性が周りにいたら、チャンスです。自分もそんな女性になったところをイメージして、生活してみてください。

もしも周りにはそんな女性はいない、周りは不機嫌で不平不満を言う人間ばかりだ、というのならば、環境を変えた方がいいかもしれません。付き合う友達を変える、不平不満ばかりの女子会には参加しない、など。

いつもお昼を一緒に食べなければいけない会社の人だから避けようがない、と言う方もいますが、そんなことはありません。

「今日は昼休みに用事があるので」と言って一度断って自分がご機嫌になれる昼休みを過ごしてみましょう。行ってみたかったランチのお店に行ってみてもいいですし、持参したお弁当を外で食べてもいいですね。そうやって自分がご機嫌になれる昼休みを一度過ごしてみたら、すごく気分が良くなって、午後の仕事の効率があがって早く帰れるようになるかもしれません。

そうしたら、今まで愚痴ばかりのお昼休みはなんだったんだろう、もうやめよう、と決意できるかもしれないですね。

理想の人生は自分で作れます。どんなお昼休みを過ごすか、どんな休

溺愛される女性を目指しましょう

溺愛される女性

・常にご機嫌でいられる
・愚痴を言わない
・自分の人生は自分で作る

溺愛されない女性

・今の人生に不平不満だらけ
・とにかく愚痴が多い
・自分に都合のいい相手が現れるのを待つ

日を過ごすか、どんな人と付き合うか、すべて自分で決めることができるのです。自分で決めて、ご機嫌で過ごせる選択を一つ一つしていってくださいね。

自分の今の人生に不平不満だらけな女性ほど、一発逆転、自分に都合の良い理想の結婚相手が現れてほしい、と考えがちですが、そんなことは起こりません。

理想の男性は、女性がご機嫌で理想の人生を送っていたら、その最後のピースとしてかっちりはまるように、自然と出会えるものだと考えてください。

ご機嫌でいられるような人生を自分自身で作ってくださいね！

Rule 4

幸せリストで、自分で自分をご機嫌にする。

Rule 4

幸せリストで、
自分で自分をご機嫌にする。

Point

あらかじめ自分をちょっと幸せにするリストを作っておいて、予定に組み込もう。

常にご機嫌な状態でいるために、おすすめのアイテムがあります。それが、幸せリストです。

幸せリストとは、これをするとちょっと幸せになれる、ちょっと気分が良くなることを列挙したリストです。

「海外のビーチリゾートで一週間バカンスする」だと、誰でも幸せになれるとは思いますが、これってそう簡単にはできませんよね？　長い休みを取らなきゃいけないし、お金もかかります。それだとちょっとハードルが高すぎるので、もっと気軽にできるものがおすすめです。

劇的に幸せになるというよりも、ちょっと幸せになれる、ちょっと気分が良くなるなぁ、くらいのものをリストにするのがおすすめです。たとえば、アイスを食べる、とか。お気に入りの入浴剤を使う、とか。思い立ったらすぐできるようなものです。

そんな自分を少しだけ幸せにするリストを作ってみましょう。思いつくままに書き出してみましょう。できるだけたくさんある方がいいです。いっぱいあったら、毎日どれかしらやっても飽きないし、状況に応じて選べるからです。

少なくとも10個、できれば50個くらいあげてみてください。

思いつかない方は、こんなふうに分けて考えてみてください。

①その瞬間、気分が良くなる

例：アイスを食べる

②その作業自体が好きなわけではないけれど、それをやる自分が好き

例：彩りの良い健康的な食事を作る

③その結果、得られる快適さが好き

例：鏡をピカピカに磨く

幸せリストを考えるのが苦手な方でも考えられるように、幸せリストの使い方（P36参照）と、私の幸せリスト（P38参照）をご紹介しているので、よろしければ参考にして、ぜひ自分自身の幸せリストを作ってみてください。

Column

幸せリストの使い方

幸せリストは一回作ったらおしまい、ではなくて、作ったリストを手帳にはさむとかよく見える場所に置いて、自分の日常に取り入れてくださいね。

疲れたなぁとか、ちょっとご機嫌ななめな日には、一つでも二つでも、幸せリストから選んで自分に「小さな幸せ」をプレゼントしてあげてください。常にご機嫌な自分、常に幸せな自分でいてください。できれば、疲れ切ってからいざ幸せリストを取り出すのではなくて、事前に予定に組み込んでおきましょう。週一回とか定期的に入れるのでもいいですし、この時期疲れそうだなぁと予測できる場合は、先に手帳に書き込んでおくのです。

たとえば、生理前はすごくイライラする、メンタルの調子が悪くなる、という方は、「今月はこの時期生理が来るから、きっとその前の週はイライラしてるだろうな。幸せリストから何か入れておこうかな」と先に手帳に予定として入れておくのです。

または、仕事の締め切りに振り回されて疲れ切っている、という人は、たとえば大きなプレゼン発表があるのならば、それが終わる日にご褒美として幸せリストから選んで予定を入れておくのです。仕事帰りにショッピングに行くのでもいいし、その日が難しければ週末に楽しい予定を入れるのもいいですね。そうしたら、プレゼン準備でしんどいなと思った時にも「このプレゼンさえ終われば、私は土曜日に大好きなデザートビュッフェに行ける！」と頑張れるじゃないですか。頑張れるし、頑張った後の癒やしになるし、ご機嫌でいられるし、いいことづくし。

仕事で忙しい女性ほど、気を付けないと、どうしても自分を後回しにしてしまいがちです。でも、自分が自分を大事にしてあげないと、誰もあなたのことを一番に大切にしてはくれません。

自分を幸せにできるのは自分だけ！　だって幸せかどうかを感じるのは自分なのだから。幸せリストを片手に、常に自分を幸せにしてあげましょう。

まとめ

- 恋愛で失敗する原因は、自分をコントロールできずに男性の本質に反することをしてしまうから。
- 不安に振り回されずに、常に自分をご機嫌な状態にするための相棒が幸せリストです。

その作業が好きなわけではないけど、それをやる自分が好き

- 彩りの良い食事を作る
- かわいいエプロンをつけて料理をする
- Whole Foods Marketでオーガニックの野菜を買って豪華なサラダを作る
- 野菜スープを大量に作る
- 日本食スーパーで材料を買って、和食の作り置きを作る
- 筋トレをする
- ストレッチをする
- 脚のマッサージをする
- ネイルケアをする
- Nature podcastを聴く

その結果得られる快適さが好き

- 鏡をピカピカに磨く
- 机の上を片付ける
- 床掃除をする
- コンロをピカピカにする
- 冷蔵庫の内部を掃除する
- メイク道具を洗って綺麗にする
- メイク用品の1軍と2軍を見直す
- メイク用品のストックを整理する
- こんまりさんの片付け祭りをする
- クローゼットを綺麗に整える
- 書類をファイリングする
- 動画データを整理する

瀬里沢マリの幸せリスト

Mari's Happy List

その瞬間気分がよくなる

- アイスを食べる
- ケーキを食べる
- いちごを食べる
- ルーフトップでアイスティーを飲む
- Café Sabarskyに行く
- Shake ShackのShackBurgerとCheese Friesを食べる
- Totto RamenのChicken paitanを食べる
- Central Parkをウォーキングする
- Central Parkのベンチに座って本を読む
- Central Parkの芝生でピクニックする
- 高級な紅茶を淹《い》れる
- 旅行の写真を見返す
- 次に行きたい国の写真を探す
- 行ってみたいレストランを探す
- お風呂にバスソルトを入れて半身浴する
- 高級なパックを使う
- 新しいコスメを買う
- 美容系YouTuberの動画を見る
- Diptyqueのキャンドルを灯す
- 日本の友達とスカイプをする
- 研究者の友達と実験の話をする
- お店の人を褒める
- マンションのコンシェルジュやマネジャーに日頃のお礼を言う

恋愛はダイエットと一緒！

Rule 5

Point

最初だけ頑張って、一度しっかり習慣を変えて、リバウンドしないようにしよう。

今、恋愛がうまくいっていないならば、パートナーとの関係が良くないならば、自分が間違った行動をしているからです。溺愛される行動に改善しなければいけません。

でも、今まで無意識にしていた行動を自覚して改善していく、って結構大変です。

たとえばダイエットした経験がある女性はわかると思いますが、今まで当たり前に食べていた甘いものをやめるって大変じゃないですか？

特にはじめの数日は、ついつい食べたくなってしまったり、我慢することに苦痛を感じたりしますよね？
でも数週間、数か月したら、甘いものをあまり欲しなくなったりしませんか？　一か月たったら「なんで昔はあんなに甘いもの食べたかったんだろう？」となりませんか？　そして、そういうふうに意識と行動が根本から変わったら、ダイエットをやめてもリバウンドしないですよね。

最初だけ意識して行動を変えていけば、あとはそこまで意識せずとも自然にできるようになります。

これは溺愛される行動も同じです。

というわけで、最初だけ頑張りましょう。
最初だけ、すごく意識して行動を変えなければいけませんが、そのうちに意識せずとも自然にできるようになり、「なんで昔はあんな意味不明な行動をとっていたんだろう？」と不思議に思うはずです。

私も溺愛される行動を発見した当初は、こうしたらいい、とわかっていても恥ずかしくてできなかったり、こんなこと言ってわがままだと思われないかなと考えすぎてしまったり、なんて言おうか考えているうちにタイミングを逃してしまったりしていました。

ですが、そのうちに特に意識しなくても、口から勝手に溺愛される台詞が飛び出し、男性の好意を自然に受け止め、当たり前に溺愛される行動をとれるようになりました。なので、最初だけ意識して練習していけば、あとは自然にできるようになります。

これは私だけじゃなくて、私のクライアントさんも同様の感想を持っていて、「最初はかなり意識してやっていましたが、今は特にトラブルもなく、普通に溺愛されています」という方が多いです。

溺愛される行動を習った当初は「えーそんなこと言えません」と言っていたクライアントさんも、少しずつ練習していくうちに、二か月もしたら自然に溺愛される言動ができるようになり、半年後には結婚しました。今ではすっかりご主人に溺愛されて「男性って優しいですよね〜」としみじみ言っていました。

恋愛はダイエットと一緒！

今理想の体重ではないのならば、今理想のパートナーシップではないのならば、自分の行動を変えると決意して、最初だけ頑張って正しい行動を身につけましょう。身につけた習慣は一生モノです。

しかも、パートナーシップの場合、こちらが溺愛される行動をするようになると、相手の態度も変わってきて、どんどん関係性は良くなるので、どんどん楽になります。リバウンドすることはないでしょう。

Rule 6

男性は女性を
幸せにしたい。
そう思って
信頼すること。

Point

彼は私を幸せにしたいと思っているはずだから、という前提で彼の行動を何でも解釈する。

今、パートナーシップがうまくいっていない方は、愛情を疑う気持ち、相手への不信感、不満がうずまいている状態だと思います。

「最近の彼はちっとも優しくない。もう冷めてきたの？」

「夫は家事を何一つやってくれないし、子育てにも参加しないし、私に見向きもしない、ひどい！」

こんな気持ちだと、男性がしてくれること、したいと思ってくれていることを全く信頼できない状態です。そうすると男性も、どうせ何をやってもネガティブにとらえられるならやらなくていいや、とますます何もやらなくなってしまいます。

Rule 6 男性は女性を幸せにしたい。そう思って信頼すること。

この負のループから抜け出すためには、女性がもう一度男性を信頼しなければいけません。**女性を幸せにしたい、という男性の本質を疑ってしまうと、男性の本質を満たす行動ができないからです。**そこを疑わないでください。どんな男性も、男性の本質を持っていると信頼するのです。

「今の自分にはわからないかもしれないけど、彼はきっと私を幸せにしたいと思っているはずだ、だって男性は女性を幸せにしたい生き物なんだから」

今はもしかしたら、パートナーシップがうまくいっていないかもしれないけど、愛を感じていた時代もあったわけですよね？　その愛はなくなったのではなくて、表現の仕方が変わっただけ、自分が受け取れていないだけかもしれません。

当たり前のように感じていたけど、彼が自分のためにやってくれていること、ありませんか？　たとえば、電話したら愚痴を聞いてくれること。毎日家族のために働いてお給料を家に入れてくれること。それを一つ一つ思い浮かべてみると、「本当は私を幸せにしたいと思ってくれているのかな？」と少しだけ信頼してあげてもいいかなと思えるかもしれません。

その気持ちが消えないように、大事に大事にあたためながら、「男性は女性を幸せにしたいと思っているんだよなぁ」という部分はちゃんと信頼した上で行動してほしいのです。

彼は私のことを幸せにしたいと思っているはずだから、という前提で、何でも解釈してください。良いことがあれば「やっぱり私を幸せにしたいと思ってくれているんだな」と男性の本質をさらに信頼してください。

ネガティブになった時、不安になった時は、「いや待てよ、男性は女性を幸せにしたいと思っているはずだから、彼の今の行動には何か理由

Rule 6 男性は女性を幸せにしたい。そう思って信頼すること。

があるのでは？」と考えるようにしてください。カッとなって、表面的に反応することがなくなります。これを繰り返していくと、これまでとは違う解釈ができるようになるはずです。

もしも夫婦関係が危機的な状態で、とてもじゃないけど、今は夫に対してはそう思えない、という場合は、リハビリをしましょう。男性全般に対して「あぁこんなに女性を幸せにしたいと思ってくれているんだなぁ」と実感できると、リハビリができます。

たとえば男友達でも会社の人でも、「男性ってこんなに優しいんだなぁ。女性を幸せにしたいと思ってくれているんだなぁ」と心底実感すると、夫に対してもすんなりそう思えるようになっていくので、第2章で説明する「溺愛される行動」を周りの男性にやってみてください。

実際、私も好きな人に3回ふられたあとは、自分に女性としての魅力がないんじゃないか、誰も私を女性として大事にしてくれないんじゃないかと不安になっていたこともありました。

でもそんな時に、溺愛される方法を発見し、たくさんの男性に溺愛される行動をとってみて、「あぁ自分が溺愛される行動をとったら、男性は女性をこんなに大事にしてくれるんだなぁ」と実感できたので、また元気に恋愛市場に戻れました。

好きな男性だと、どうしても自分をコントロールするのが難しかったりします。なので、あまり感情が波立たないというか、平常心で溺愛される行動をとれる男性に対してやってみて、男性を信頼する気持ちを育んでもいいのです。

どんな時も男性は女性を幸せにしたいと思っていることを信頼してください。その男性の本質を満たす行動をとれば溺愛されるし、満たさなければ溺愛されないのです。

第1章では、男性の本質は「女性を幸せにしたい」だから、あなたは

Rule 6 男性は女性を幸せにしたい。そう思って信頼すること。

私を幸せにしていないと責めたり、男性がやってくれることを拒否したりしない、とやってはいけないことをあげました。

不安に振り回されると、自分をコントロールできずに、ついつい男性の本質に反する行動をしてしまうかもしれません。それを防ぐために、幸せリストを活用して、常にご機嫌な状態でいてくださいね。

いよいよ、第2章では、男が放っておけない女として溺愛され続けるための、男性の本質を満たしてあげる行動を具体的に解説していきます。

第2章

男が放っておけない女になる

「溺愛理論」実践編

Practical

Rule 7

溺愛される方法は
たった一つ。
男性の本質を満たして
あげること。

Point

尽くしたいと思っている男性の好意は、遠慮なく受け取りましょう。

男性の本質である「女性を幸せにしたいといつも思っている」という状態は、たとえるとこうです。

男性は愛というボールを手に持っていて、目の前の女性に尽くすべく、今まさにそのボールを投げようと振りかぶっている状態です。すべての男性が、女性の前でこういう状態なのです。

だから、女性はグローブを構えてあげましょう。そうしたら、女性に向かってボールを投げることができます。

そして、女性ががっちりキャッチしてくれると、とっても気持ちいいのです。

我ながら上手に投げられたぞ、と思うと誇らしくて、また投げたくなるし、女性がその投げっぷりを褒めてくれたら、もっともっと嬉しいのです。そんなふうにいい気分にさせてくれる女性に対して好感を抱くでしょう。

つまり、男性の本質を満たしてあげるためには、女性はただそのボールを受け取ってあげればいいのです。男性が尽くしたいと思っているのですから、彼がしてくれたことを遠慮せずに喜んで受け取ってください。それだけで、男性はその女性を溺愛したくなります。

ただし、男性によっては、ボールを投げようと振りかぶっているけれども、どこに投げればいいかわからずに固まってしまう方もいます。そういう男性は、投げたくないのではなくて、投げ方がわからないのです。女心がわからない、女性慣れしていない男性は、どこに投げればいいか見当もつかず、動けないのです。

Rule 7 溺愛される方法はたった一つ。男性の本質を満たしてあげること。

こんな男性に対して、女性はどうしたらいいでしょうか？

女性はただ「ここに投げればいいんだよ」と投げるべき場所である「的」を教えてあげましょう。そうすれば、どうしたらいいかわからなかった男性も、思い切ってボールを投げることができます。そして、その投げられたボールをしっかり受け取ってあげるのです。

少し投げるのが下手だったり、コントロールができない男性もいるかもしれませんが、女性側も優しく受け取りに行ってくださいね。

今までうまく投げることができなかった男性にとって、それは初めての成功体験です。とても気持ちのいいことです。うまく投げられた自分が誇らしいのです。

これを繰り返すことで、自分の投げる力に自信がついて、もっと難しい的でも臆することなく投げられるようになります。そしていつの日か、的を出される前から、ここに投げればいいのかな、と予測することができるようになります。こうなれば、立派な女心のわかる男性の誕生です。

言い換えれば、どんな男性も、今の時点でどこに投げればいいかわからなくても、あなたが的を教えてあげさえすれば、上手に投げられるように成長するのです。彼に優しくされたい、尽くされたいと思ったら、表面上はそうは見えなくても、心の底ではボールを投げたいと思っている男性に対して、的を教えて、受け止めてくださいね。これが溺愛されるたった一つの方法です。

では、具体的にどうやって的を教えたらいいのでしょうか？

的を出す、
つまり具体的に
やってほしいことを
伝える。

Rule 8

Point

やってほしいことは、具体的に明確に伝えないと、男性は何をしたらいいのかわからなくて、何もできなくなってしまう。的を考えるのは女性の役割。

的を出す、とは具体的に男性にやってほしいことを明確に伝えることです。それは的のように正確で狭い範囲に絞られていないといけません。

どこに投げればよいかわからない男性にとって、ぼんやりと「このへんに投げてね」と言われてもわからないので、「ここが的だよ」と明確に教えてほしいのです。**つまり、的とは、それを聞いた男性が迷いなく何をやればいいのかが、わからないといけないのです。**

たとえば、「美味しいもの食べに行きたいな」と的を出したとします。

美味しいもの、だとぼんやりしすぎていて、彼にはいったい何のことかかりません。だから、どう行動したらいいのかわからず、「ふーん」と聞き流してしまうのです。これはあなたに愛情がないからやってくれないのではなくて、どう投げたらいいのかわからないから動けないだけです。

しかし、これがもっと具体的な的だったらどうでしょう。「この雑誌に出ている○○というレストランに行きたいな」と的を出されたら、その雑誌を見て、このお店を予約すればいいんだなとやることが明確なので、ぐっと行動しやすくなります。

予約して彼女を連れて行って、彼女が美味しい美味しいと喜んでくれたら、そうやって好きな女性を幸せにできた自分がとても誇らしくなります。「次はどこのレストランに行こうか?」なんて聞いてくれるようになるかもしれないですね。

このように、的は具体的であればあるほど、男性は行動に移しやすくなります。あいまいな表現だと、どうしていいかわからないのです。百戦錬磨のモテ男を除けば、少ないヒントで正解を推理するのは至難の業です。そんな博打を打つくらいなら何もしないのです。

女性によっては、レストランの具体名を出したらわがままだと思われるんじゃないか、特にそのレストランが少しお高いお店だったら嫌がられるんじゃないか、と心配する方がいます。

心配する必要はありません。的を出しても、やるかどうかは彼が決めることです。「こんな高いレストラン、連れて行けない」と思えば、そっと雑誌を閉じて予約はしないはずです。

それよりも、あいまいな的しか出さないでおいて、やってくれない彼にぶーたれる方がよっぽどわがままです。心の底では尽くしたいと思ってくれているのに、女性側の的の出し方が悪いせいで、彼がポテンシャルを発揮できないのはかわいそうです。

お願いごとは超・具体的に！

この雑誌に出ている
○○というレストランに
行きたいな

美味しいもの
食べに行きたいな

つまり、的を出す時は、女性がやりたいことを明確に思い描いて、わかりやすく発信しなければならないのです。女性が幸せになることを的にするのだから、相手に丸投げするのではなくて、女性自身が考えてくださいね。

的を具体的に考えるのは女性の役割、それを叶えるのは男性の役割です。

Rule 9

溺愛される女性は、「あなたが○○して」ではなくて、「私は○○したい」と的を出す。

Point

**男性はできないと言いたくない生き物。
私を主語にすることで、
できることだけを自発的にやってくれます。**

的を出す時は、主語に注意してください。主語は「あなた」ではなくて、「私」です。

「あなたが○○して」と言うのではなくて、「私は○○したい」と的を出すのです。

ここでいったん彼氏の気持ちになって、可愛い彼女に、次の2パターンで的を出されたところを想像してください。

1「あなたがレストランを選んでほしい」と言われた場合

2「私はあなたが選んだレストランに行きたい」と言われた場合

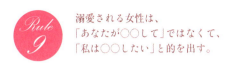

的の内容は同じですが、この主語の違いによる印象の違いがわかりますか？

1だと、逃れようがないというか、何か強制されている感じがしませんか？

一方、2だと、あくまで彼女が願望をつぶやいているだけです。強制されている感じはしません。でも、自主的にその願望を叶えてあげたい、という気持ちになりませんか？

そう、「私」を主語にすると、強制されて仕方なくやるのではなく、「俺が彼女の願望を叶えてあげているんだ」と自発的に行動している気持ちになれるのです。

もう一つ大きなポイントがあります。「あなた」を主語にすると、直接言われているのだから、男性は「はい」か「いいえ」で答えなければいけなくなります。

的を出す時は「主語」に注意！

もしその的が、彼が能力的にできないものだった場合「それはできない」とわざわざ言わなくてはいけなくなります。男性はできないと言いたくない生き物なので、それは苦痛なのです。

なぜなら、いつも女性を幸せにしたいと思っているのに、彼女の望むことはなんでも叶えてあげたいのに、それができない自分が不甲斐なく、情けないからです。そんな自分は嫌なのです。

一方、「私」を主語にした場合はどうでしょう。

あくまで彼女が願望をつぶやいているだけで、自分に直接問われているわけではないのでで、必ずしも「はい」か「いいえ」で答えなくてもいいですよね。叶えてあげたいと思えばやってあげればいいし、できない時は受け流すこともできます。

「可愛いこと言っちゃって～せっかくだから一緒に選ぼうよ」と言えば、わざわざ「レストラン詳しくないから、僕は選べません」と能力的にできないことを言わなくてすむのです。

的を出す時は、主語を「私」にすることで、男性はできないことを申告せずにすみ、できることだけを自発的にやってくれます。

「3回感謝」の魔法で、溺愛され続ける人生が始まる。

Rule 10

Point

彼がやってくれたら3回感謝。1回目は感情豊かに、2回目は具体的に、3回目はさらっと。3回も感謝されると、男性は自分が幸せにしたと実感できます。

的を出して、彼がやってくれた時に、必ず女性がすべきことがあります。それが、「3回感謝」です。もちろん連呼するわけではなくて、3回、異なるタイミングで感謝するのです。

3回感謝のタイミング

1回目　やってくれた直後
2回目　やってくれたことによって幸せな瞬間
3回目　帰り際

Rule 10

「3回感謝」の魔法で、溺愛され続ける人生が始まる。

1回目は感情豊かに、2回目は具体的に、3回目はさらっと言う。

たとえば彼がレストランを予約してくれた時の3回感謝の具体例です。

「レストラン予約しておいたよ」と彼に言われたら、

1回目の感謝「わぁ、予約してくれたんだ！　ありがとう。楽しみにしてるね」

当日、レストランにて、美味しいお料理を食べながら、

2回目の感謝「おいしーい！　はぁぁ、こういう味大好き。連れてきてくれてありがとう」

最後、帰り際に、

3回目の感謝「今日は美味しいお店に連れてきてくれてありがとうね」

どうでしょうか？　読んでいるだけでも、彼女が大喜びしている姿が想像できませんか？　自分が連れて行ったお店で女友達がこんなふうに3回も感謝してくれたら、嬉しいですよね？

男性は、その百倍嬉しいです。本当に喜んでいる気持ちが伝わってきて、「俺が彼女を幸せにしている」と実感できます。男性の本質がばっちりと満たされるのです。

普段の自分の行動を振り返ってみて、3回感謝できていると思いますか？　1回か2回感謝することは多くても、3回も感謝している方は少ないのではないかなと思います。

男性は話を聞いていないことも多いので、1回か2回だと聞き逃していたり、感謝の言葉が伝わっていないことがあります。ですがこうやって、3回、ただありがとうの言葉だけではなくて、感情ものせて具体的に感謝すると、印象に残るのです。これをすると喜ぶんだな、と的を覚えてくれてまたやってくれたり、もっとすごいことをやって喜ばせたい、とますます尽くしてくれるようになります。

この3回感謝は、彼だけではなく、家族、友達、職場の人にやっても効果絶大です。

大人になってから3回も感謝してくれる人って少ないので、すごく頼りにされているなぁと嬉しい気持ちになるのです。

周りの人みんなが優しくなって、男性にも女性にも溺愛されて、気持ちよくいろんなことをやってくれるようになりますよ。

3回感謝することで、男性は自信をつけ、女性は溺愛され続ける。

Rule 11

Rule 11

3回感謝することで、
男性は自信をつけ、
女性は溺愛され続ける。

Point

男性は自分が女性を幸せにする能力があると思うと、男としての自信がつきます。

的を出して、やってくれたら3回感謝することで、男性は感謝されて嬉しいだけではなく、「俺は女性を大喜びさせられる男なんだ」と自信をつけることができます。3回も感謝されるくらい高い能力を持った自分が誇らしいのです。

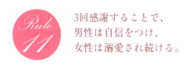

こうなると男性は「もっともっと女性を幸せにしたい」と、男性の本質が強化されるので、尽くしてあげたいという気持ちが高まっていきます。

なので、この状態の男性に次の的を出すと、簡単にやってくれるようになります。自分に自信もついているので、少し難しそうな的でもやってくれたりします。そうすると、ますます女性に感謝されて、さらに尽くしたい欲が高まっていく、というポジティブなループが回っていきます。

私はこれを溺愛ループと呼んでいます。

①的を出す
②彼が行動する
③3回感謝する

溺愛されたければ、この溺愛ループをぐるぐる回せばいいだけです。

これを会うたびにしっかり回していけば、男性は男としての自信がつき、女性は愛されている実感を得られます。

男性も女性もハッピーな状態なのです。

「溺愛ループ」の回し方

1 的を出す

2 彼が行動する

3 感謝する

男性は自信がありません。どんなに仕事ができる男性も、自信満々に見える男性も、心の奥底では、男としての自分に百点満点はあげられないのです。女性からどう見られているのか、心配でたまらないのです。

そんな男性に対して、溺愛ループを回せば、「俺は好きな子を幸せにしているぞ」と実感してもらえます。日常生活において、こんなふうに実感できる機会はあまりないので、それを提供できるあなたは貴重な存在となります。

あなたに会うたびに、男としての自信がつくのですから。自信という男性がのどから手が出るほど欲しいものを先にあげるから、溺愛されるのです。

そうやって自信をつけた男性は、パワーがみなぎり、いろんなことにチャレンジできるようになります。男としての自信は仕事への自信やチャレンジ精神に直結するので、積極的に難しいプロジェクトに取り組んだり、思い切って転職したりと、自信を持って行動することができます。

Rule 11 3回感謝することで、男性は自信をつけ、女性は溺愛され続ける。

だから溺愛ループを回していると、彼氏やご主人の年収がアップするのです。

このように溺愛ループを回すと、男性にとっていいことずくめなので、ぜひ周りの男性みんなにやってくださいね。

そうしたら、日本全体に自信をつけた男性が増え、仕事に邁進し、日本にいい男が増えるからです。日本社会の生産性も向上すると本気で思っているので、これを読んでいる皆さんは、ぜひ明日にでも職場の男性に溺愛ループを実践してみてほしいなと思います。

溺愛ループの仕組みはわかったけど、実践するのに抵抗がある方もいますか？

「大げさに感謝してぶりっ子だと思われるのは恥ずかしい」

「冷え切った関係で急に溺愛ループを回すのは……」

「夫が悪いのに、なんで私が動き出さないといけないのよ!?」

こんな方へのルールをルール12～14で3つ紹介します。

Rule 12

ぶりっ子だと思われたらどうしよう、という心配は無用！

Rule 12

ぶりっ子だと思われたら
どうしよう、という
心配は無用!

Point

俺のためにぶりっ子しちゃって可愛いな、と幸せな気持ちになるだけです。

3回も大げさに感謝したら、ぶりっ子だと思われるんじゃないかと心配する必要はありません。ぶりっ子だと思われても何の問題もありません。

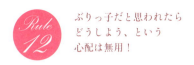

男性は好きな女性がどんなにぶりっ子しても、それで不快になることはありません。嫌いな女性に対して、あいつぶりっ子しやがってと思うことはまれにありますが、自分が好きな女性や、可愛いなと思っている子が自分に対してぶりっ子しても、可愛いなと思うだけです。

仮にそれがわざとしているとばれたとしても、「俺のためにぶりっ子しちゃって可愛いな」「俺に好かれたいのかな、可愛いな」と思うだけです。わざとやっているってばれたらどうしようと心配する必要はありません。あなたのために私、ぶりっ子しているんですよ、と前面に出した方が男性は嬉しいくらいです。わかりやすくやってくれる方が安心してアプローチできるからです。

なので、意中の男性にぶりっ子だと思われたらどうしようと心配する必要はありません。

むしろ、それを心配して嬉しそうな反応をしなかったり、感情表現をしない方が問題です。**感情表現や感謝の気持ちって、女性が思う二倍くらい見せないと、男性には伝わらないんです。**自分でぶりっ子だ、大げさだ、と思うくらいにしないと伝わらないのです。嬉しかったら嬉しいと伝えることは、男性へのサービス、おもてなしの心だと思ってやってください。

ぶりっ子って思われるんじゃないかと控えめな感情表現しかしないと、男性に伝わらずに「あれ、あんまり幸せそうじゃないな」と悲しく

Rule 12

ぶりっ子だと思われたらどうしよう、という心配は無用！

なってしまうかもしれないのです。

一方、子供っぽく大げさに喜んだら「俺ってめちゃくちゃ幸せにしてるぞー！」と彼は幸せな気持ちになれるのです。女性を幸せにしたい、という男性の本質を満たしてあげているのは、後者の女性ですよね？

溺愛される女性は、自分のプライドとか恥ずかしいと思う気持ちよりも、男性の本質を優先するのです。

周りの女性にぶりっ子と思われたら嫌だなと思う場合は、男性にだけ溺愛ループを回すのではなくて、そういうことを言ってくるお局《つぼね》さんとか女性に対しても溺愛ループを回してください。

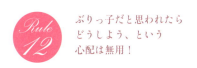

そうすれば誰に対しても愛想がよくて人懐っこい人、となるだけです。

正直、私は女性からの評判はそれほど気にしなくていいとも思っています。周りの女性がどんなにあなたのことをいい子だと言っていても、男性は女性の評判がいいから付き合おうとは思いません。可愛いから、一緒にいたら楽しいから付き合おうと思うだけです。女性の評判を気にして、意中の男性にアプローチしないのは本末転倒です。

昨日までクールなキャラだったのに、急にキャラを変えたら変に思われるんじゃないかと心配ですか？　男性は変わった後の方が好みだったり、自分にとって素敵だと思ったら、昔のことなんて忘れちゃう生き物です。昔自分がどういう対応をしていたかも、忘れちゃいます。

大幅なダイエットに成功した方や、イメチェンして可愛くなった経験がある方は心当たりがあると思います。それまでは雑な対応だったのに、可愛くなった途端、それまでのことはすべて（勝手に）水に流して、可愛いねとコロッと態度を変える。そういうものです。

そんなものなので、どう思われるかな、と気にしてるだけ時間の無駄です。サラッと溺愛ループ回してくださいね。

まずは、簡単な的から出してみましょう。

Rule 13

Point

女性が的を出さないと、溺愛は始まりません。
動き出すのは女性から。
誰でもやってくれる簡単な的から出してみましょう。

パートナーシップがうまくいっていない時、改善のために動き出すのは女性からです。

なぜなら、溺愛ループは、女性が的を出すことからすべてが始まるからです。女性が何もしないまま「私を幸せにしてみなさいよ」という態度で立っていても、男性は何をすればいいのかわからないのです。愛というボールを持って振りかぶっている男性と、棒立ちの女性のにらみ合いになってしまい、そのうち男性もどうしたらいいかわからなくて振りかぶるのをやめてしまいます。

女性が的を出してくれないと、男性は女性を幸せにする機会もなく、

Rule 13 まずは、簡単な的から出してみましょう。

俺が幸せにしているんだという満足感も得られないので、相手への愛情が冷めてきてしまうのです。これがいわゆる冷えきった夫婦関係とか、最近彼が冷たい、という状態です。

ここから挽回していくのは難しいでしょうか？　いいえ、そんなことはありません。たとえ男性が今この瞬間は振りかぶるのをやめていても、男性の本質は「女性を幸せにしたい」なのです。心の底では彼女の要望を叶えてあげたいと思っていますので、今しっかりと的を出したら、きっと応えてくれるはずですよ。

こんな冷えきった状態で的を出しても、やってくれないんじゃないか、と躊躇《ちゅうちょ》しますか？　そんな方は、**手間がかかるものとか難しいことではなくて、まずは誰でも簡単にできる的から出すことをおすすめします。**

たとえば、彼とコンビニに行った時に、「あーこのアイス限定味出てる！　買ってほしいなぁ」と言ってみましょう。数百円のアイスなら、きっと買ってくれるはずです。

そこで、買ってくれたら、3回感謝ですね。

買ってくれると言ったらすかさず、「買ってくれるの？　ありがとう！」と感謝し、

アイスを食べたら「あ、これ好きな味♡おいしい！」と大喜びし、食べ終わったら「ごちそうさまでした」とにっこり感謝。

久しぶりにあなたが無邪気に喜ぶ姿を見ることができて、彼も嬉しいはずです。そして、そんなふうにあなたを喜ばせることができる自分が誇らしい、と思って、次はもっと難しいこともやってあげたくなるはずです。アイスよりもっと高いもの、少し手間がかかることを的にしても、やってくれるのではないでしょうか。これを繰り返していけば、彼もあなたを幸せにできて嬉しいし、あなたも満足感を得られて、彼に優しい気持ちになれますね。

もっともっとハードルの低い的もあります。台所で麦茶を飲もうとし

ているご主人に「ついでに私にも麦茶いれてほしいな」と頼んでみましょう。このくらいなら、たとえ喧嘩中でも、全然優しくない時でも、やってくれるはずです。

いいよと言ってくれたら「ありがとう」と言い、あなたが座っているところまで持ってきてくれたら「わざわざ持ってきてくれてありがとう」と目を見てお礼を言って。

ぷはーっと飲んだら「ありがとう、生き返った〜」とその頃には笑顔で言えるようになっているのではないでしょうか。

そんな素直なあなたを見て、きっとご主人もこんなことお安い御用だ、と心の中で言っているはずです。今度はもっと難しい的もやってくれることでしょう。

Rule 14

男性は
パートナーシップの
問題に気付くのが
遅い、遅すぎる。

Rule 14

男性はパートナーシップの問題に気付くのが遅い、遅すぎる。

Point

男性に任せていたら、彼が動き出すのは十年後かもしれません。女性は変化に敏感だから、女性が先に行動してあげましょう。

夫婦関係がうまくいっていない友人に、「うちの旦那に溺愛する方法教えてよ」と言われることがありますが、それはできません。なぜなら、ご主人は夫婦関係を改善するために何かしなきゃ、と微塵も思っていない可能性があるからです。

男性は、本当に関係性が悪くなるまで全く気付かない、行動しようとしないのです。

私はたまに男性からの相談を受けることもあるのですが、男性が私に相談してくるタイミングは、ほぼ手遅れな状態のことが多いのです。

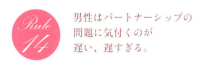

ちょっとうまくいかなくてとか、最近夫婦関係が微妙で、と男性が相談してくる時点って、けっこう重篤な状態です。これは奥さんが離婚の準備しているんじゃないかな、これはもう関係を修復する気はないだろうなとか、彼女はもう他に本命男性がいるな、という、私からしたら手遅れな状態から相談してくるんですよね。

これはなぜかというと、まだ傷が浅い状態だと、男性は問題に気付いていないんですよね。だから、本当にもうダメになるまで言ってこない。でも本当にダメになってからいざ行動を始めても、そこから関係を修復していくのは、すごく時間がかかります。

なので、パートナーシップの問題がある時に、男性に任せていると、大変なことになってしまう。

それに対して、女性は傷が浅いうちから、「あれ？　なんか最近二人の関係性がよくないな」「噛み合っていないないな」「冷めてきたな」という変化を敏感にキャッチできるんです。

それなら、傷が浅いうちに気付ける女性が「あれ最近うまくいっていないぞ」と思った時に、すぐに溺愛される行動をしたり、やってはいけないことをやめる、という行動をとった方がいいんじゃないでしょうか。二人の未来のために。

そこは女性が大人になって、「私の方が先に気付いたから、私が行動してあげてもいいかな」という気持ちで行動してください。

ここで「なんで私が行動しなきゃいけないの？　絶対ヤダ。行動しないからね！」と言って行動しないと、本当にそのまま、何事も改善しないまま十年過ぎるかもしれません。

十年イライラした結婚生活を続けるのと、今すぐあなたが行動して、十年溺愛される結婚生活を送るのと、どっちがいいですか？

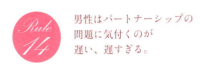

Rule 15

初対面を制する女が溺愛される。

Rule 15 初対面を制する女が溺愛される。

Point

男性は初対面の印象がとても強いです。
そこで溺愛したい、と思わせられるかが鍵となります。

まだお付き合いしていない関係では、溺愛ループはいつから回せばいいでしょうか？

もちろん、初対面からです！

男性は初対面の印象がとても強いです。初対面でデートしたい、と思うか、友達でいいやと思うかで、その後の対応が１８０度違います。そんな大事な場で、「次にデートに誘われたら溺愛ループ回そうかなぁ」と悠長なことを言っている場合ではないのです。

男性は初対面で次のように女性を分類します。

①他人
②友達
③デートしたい
④体の関係を持ちたい
⑤付き合いたい
⑥結婚したい

初対面で「デートしたい！」と思ったら、その印象は、その後も変わることがほとんどありません。逆に、初対面で「この子はタイプではないな。デートしなくていいや」と思われたら、その印象を覆すのはとても難しく、時間がかかります。数か月、数年単位でかかります。

なので、初対面の重要性を認識して、初対面でしっかり自分の魅力をアピールしてくださいね。男性はこの分類をまずは外見、次に内面、という順番で行いますので、婚活中の女性は、外見をレベルアップさせるのが近道です。

Rule 15

初対面を制する女が溺愛される。

男性は、初対面で一気にテンションが上がって、付き合いたい、と思ったり、人によっては初デートでプロポーズする、なんてこともあります。初対面でいきなり好き好きと言われると、「軽い人なのか？」と不審に思う女性もいますが、そんなことはありません。ただあなたの魅力にテンションが上がって、好意を隠せないだけです。

一方、女性は、一気にテンションが上がる人もいれば、アプローチされるうちにだんだん好きになる、という人もいますよね。後者の場合、男性も自分と同じようにゆっくり好きになるものだと思って、「だんだん仲良くなれればいいや」とのんびり構えてしまいますが、男性はそうではないのです。

初対面で一気に仲良くなる、すなわち初対面で「デートしたい！」と思わせることが大事なのです。なので、初対面からしっかり溺愛ループを回していきましょう。

大人数の飲み会やパーティーでも、二人で話す時間を作ることは可能です。そこで、初対面の男性にも出せる簡単な的を出して溺愛ループを回しましょう。

会話のきっかけにもなるような、こんな的なら出しやすいのではないでしょうか？

「ここ座ってもいいですか？」
「写真撮ってもらってもいいですか？」
「私もそれ食べたい！　私にも取ってください」
「何飲んでるんですか？　日本酒詳しくないので、教えてほしいです」

どうしても二人で話す機会がない時は、数人で話している場でもいいので、溺愛ループを回してくださいね。

初対面からそうやって人懐っこく話しかけたり、無邪気に感謝すると、可愛い子だな、一緒にいると楽しいな、と思ってもらいやすいです。

Rule 15 初対面を制する女が溺愛される。

男性がありかなしかを判断する大事な初対面でそうやって印象付けると、その後もずっと溺愛してくれます。

また、最近は婚活アプリや恋活アプリで出会ってデートする人も多いでしょう。そんな時は、初デートの前のメッセージの段階から溺愛ループを回して構いません。

たとえば、初デートの場所や、お店のリクエストを的にしてもいいですね。

「私は○○線だから、○○駅で会えたら助かるな」

「方向音痴だから、駅から遠いお店だったら、駅で待ち合わせして一緒に連れて行ってほしい」

「焼き鳥屋さん行きたいな」

そして、彼がリクエストに応えてくれたら、メッセージの段階で1回目の感謝ができ、初デートで2回目、3回目の感謝ができますね。

初デートでは、彼も初対面の女性を喜ばせられるか心配で緊張している中、そうやって感謝されると、リラックスしておしゃべりできて、初デートも盛り上がるかもしれません。

初対面で失敗したら絶対に挽回できないのか？　時間はかかりますが、挽回することは可能です。すでに初対面がすんでしまった気になる男性がいる場合のアプローチ方法は、次のルールを参考にしてくださいね。

男性にアプローチする時は、一段階ずつ。

Rule 16

Point

一足飛びに仲良くなろうとすると、失敗します。いきなりデートしましょうと誘うのではなく、一段階ずつ距離を縮めていってください。

気になる男性がいる時に、溺愛される女性なら、どうアプローチすればいいでしょうか？

まず考えてほしいのは「彼は私をどこに分類しているか？」を正確に把握することです。

そこが正確に把握できていないと、一足飛びに関係を進めようとして、失敗してしまいます。中学生じゃないんだから、名前と顔しか知られていない状態で、いきなり「好きです！　付き合ってください」と告白しないでくださいね。私もやってしまったことがあるのですが、いくらこちらが盛り上がっていても、よく知らない人に突然告白されても、

男性による女性の分類

1. 他人
2. 友達
3. デートしたい
4. 体の関係を持ちたい
5. 付き合いたい
6. 結婚したい

彼も困ってしまいます。一歩ずつ段階を踏んで仲良くならないといけないのです。

ルール15にも出てきた分類を図にしましたので、見ながら考えましょう。男性は初対面の女性を図のように分類します。あなたはどこに分類されているかわかりますか？

まず大事なポイントが②と③の間、つまり、友達なのか、デートしたい相手なのかです。なぜなら、二人でデートしないと、なかなか溺愛ループを回すチャンスがないからです。それがデートと呼んでいいかわからなくても、とりあえず二人で出かけたことがあるならば、デートしたい、に分類されていると考えてください。

③のデートしたい以上に分類されている場

合、あなたの女性としての魅力は伝わっているはずなので、やることは一つです。毎回デートのたびに、溺愛ループを回しましょう。男性の本質が満たされて、「この子といると楽しいな」と高確率で思ってもらえます。

残念ながら②の友達に分類されていると、そこからの道のりは遠いです。女性として意識されておらず、一度候補から外されているということなので、その認識を改めてもらわなければいけません。まずはデートできる関係を目指しましょう。

さらに、同じ空間にいたとしても、まだ信頼関係を築けていない①の他人ならば、さらに道のりは遠いです。まずは二人っきりじゃなくてもいいので、みんなで出かける機会を作ったり、ちょっとした雑談を交わせるようになるところからです。人として仲良くなった後で、デートにこぎつけるようにしましょう。

どうやってデートにこぎつければいいか？　目的はなんでもいいの

Rule 16

男性にアプローチする時は、一段階ずつ。

で、一度二人で出かける機会を作ってください。この時に男性の本質を利用すると、ぐんと確率を上げることができます。「一緒に出かけることで、女性を幸せにできる」と思うと、来てくれやすいのです。

たとえば、彼がパソコンに詳しい場合、「パソコンを買い替えたいんだけど、一人で行くの不安だから、付き合ってくれない？　○○君が一番詳しいから、一緒に選んでほしい」と言えば、彼だからこそ一緒に行く理由があるので、困っているなら行ってあげてもいいかなぁという気持ちになってくれます。

これをただ単に「二人で飲みに行きましょうよ」と誘っても、「俺に気があるのかな？　俺はこの子と一緒に飲みたいだろうか？　付き合う可能性はあるだろうか？」と冷静に考えて、なかなか気軽に来てくれないのです。

このように彼が得意なこと、彼に頼りたいことで的を出して、なんとか二人で出かける機会を作りましょう。そして、そのことにしっかり3回感謝するのです。「お礼におごります」と言って、ちゃっかり次のデートの約束をしてもいいですね。

気になる男性がいる方は、親しく話ができる間柄になり、まずはデートする機会を作るところからです。最初はいきなり「デートしましょう」と誘うのではなくて、彼だからこそ行かなければいけない理由で頼って、まずは二人で出かける機会を作りましょう。そして、デートで溺愛ループをしっかり回して、この子といると楽しいな、と思ってもらうのです。

デートには
誘われるのではなく、
誘わせる。

Rule 17

Point

社交辞令だと思われないように、具体的にデートの種まきをしましょう。共通の話題、彼の興味があることは何ですか？

「デートは女性から誘ってはいけない」と固く信じて、ただじっと男性に誘われるのを待つ女性がいますが、女性から誘ってもいいんですよ。好きなら男性から誘うはず、とは言いますが、必ずしも自分からぐいぐい行ける男性ばかりではありません。特に美人な女性、クールな雰囲気の女性はハードルが高いです。

内心いいなと思いつつ、自分なんかじゃ相手にされないのでは、と考えて誘えない男性も多いのです。女性からも歩み寄って、誘ってください。

Rule 17

デートには誘われるのではなく、誘わせる。

私から誘ったりしたら迷惑なんじゃないか、と心配する必要はありません。男性は押しに弱いということは少なく、どんなに女性が頑張って押しても、行きたくなければ絶対に行きません。来るかどうかは彼にお任せして、誘うだけ誘ってみましょう。

それでも心配な方は、「お食事に行きませんか？」と直接こちらからデートに誘うのではなく、デートに誘わせるために、デートの種まきをしましょう。

デートの種まきとは、彼が「これはデートに誘ったら来てくれそうだな」と思えることを会話の中にちりばめておくことです。彼の趣味や共通する話題にのって、行ってみたい、やってみたい、と言うのです。

「ボルダリングやってるんですか？　ちょうど始めてみたいと思ってたので、教えてほしいです」

「私もゴルフの練習中なんですよ。打ちっぱなしとかよく行きますよ。一緒に行きたいですね！」

「つけめん私も好きです。新しいお店開拓したいので、おすすめのお店連れて行ってください」

こうした話題をふったら、彼が「いいですね、一緒に行きましょう。来週の土曜日とかどうですか？」と具体的にデートに誘ってくれるかもしれません。そうしたら、その場でデートのお約束ができます。

もしその場で日程まで決まらなくても、「いいね！　一緒に行こう！」と少なくとも行くことには同意してくれたなら、帰り際に「本当にボルダリング連れて行ってくださいね！」と念押ししたり、メールで「今日は楽しかったです。次回はボルダリングですね♡」と念押しすれば、もう行くことは確定している感じになるので、後日予定を合わせて行くことができます。

こうした種まきをせずに、ただメールで「今度また飲みましょう」と送るだけだと、男性も「社交辞令かな？」と次に誘う勇気が出ずに、そのまま流れてしまったりするのです。

Rule 17

デートには誘われるのではなく、誘わせる。

デートに誘われない、とお悩みの女性は、もしかしたらその礼儀正しい雰囲気や気を遣った態度から、「優しいから社交辞令でまた飲みましょうと言ってくれただけかな」なんて思われているかもしれないのです。それはもったいないので、わかりやすくデートに誘わせる行動、つまりデートの種まきをしっかりやってくださいね。

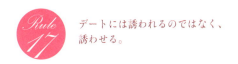

Rule 18

溺愛されてから、
理想の男性かどうか
判断すればいい。

Rule 18

溺愛されてから、
理想の男性かどうか
判断すればいい。

Point

あとでやっぱり違ったと思えばその時に断ればいいのだから、恐れずに溺愛ループを回しましょう。

男性とデートしていく中で、必要以上に相手に好かれることを警戒する女性がいます。自分がまだ相手の男性を好きかどうかわからない段階で、気をもたせるようなことをして好かれたら困る、とガードを固くするのです。

別に相手の男性に好かれたからって、必ずその気持ちに応えなきゃいけないってことはないですよ。好かれたら、ありがとうとその好意を受け取ればいいだけです。

もしも交際を申し込まれた時点で、まだその男性と付き合うところまで好きではないけど、もう会いたくないというほど嫌いではない、自分にとって理想の男性なのかどうかよくわからない、というのならば、引き続きデートしていけばいいだけです。だって彼はあなたとデートできれば、毎回溺愛ループを回してくれて、男としての自信もつくし、喜んでいる可愛い姿も見られるのです。彼はデートできるだけで十分幸せなのです。

もしもその男性の性格や行動で気になる部分があれば、それを的にして、変わるかどうかを見てから、付き合うか決めてもいいでしょう。

たとえば、彼がいつも待ち合わせ時間に遅れてくるところが気になる、というのであれば、

「一人で待っているの寂しいから、明日のデートは待たせちゃダメだからね」

と的を出して、彼が行動を改善するか見てみるのです。

気になるところがあれば、我慢せずに伝えてください。どうせ変わら

Rule 18 溺愛されてから、理想の男性かどうか判断すればいい。

ないだろうなぁとあきらめてしまうよりも、その方が彼もチャンスをもらえてありがたいのです。

溺愛ループを回していれば、男性は自信をつけてきますので、その変化に自分自身でも気付いていれば、変わることに臆せず挑戦してくれるはずです。

もしも彼がそうやってあなたのために変われたのに、それでもふられてしまった場合。前よりも少しいい男になっているので、きっと次は素敵な女性とお付き合いできるはずです。その成長は無駄じゃないよ、という気持ちでいればいいのです。悪いなと思う必要はありません。

Rule 19

女性慣れしていない男性ほど、溺愛ループの効果は絶大！

Rule 19 女性慣れしていない男性ほど、溺愛ループの効果は絶大！

Point

女性慣れしていない男性は、どうしたら女性が喜ぶのか知らないだけで、やる気は人一倍。わかりやすく的を出してあげましょう。

あまり女性と付き合った経験がない、男子校出身、男性ばかりの職場、というタイプの男性は、「付き合っても喜ばせてくれないんだろうなぁ」と誤解しがちですが、そんなことはありません。むしろ、こういう男性の方が、溺愛ループを回した時の効果は絶大なのです。

なぜなら、こういう男性は何をしたら女性が喜ぶのか知らないために、これまで行動できていなかっただけです。行動できていなかった分、「本当は女性を幸せにしたいのに」という気持ちはとっても蓄積されているんです。

やる気は人一倍あります。

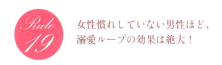

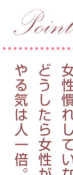

だから、彼にもわかりやすいように、具体的に明確に的を出せば、喜んでやってくれるのです。そして、3回感謝すると、そんな経験がほとんどなかったために、とても感動してくれるのです。

この状態の男性はマリオのスター状態とでもいいますか、自信がみなぎっているので、いろんなことに挑戦してくれて、だんだん難しい的を出していっても、一生懸命叶えようとしてくれます。

さらに良いことは、あまり女性と付き合った経験がないと、変な先入観がないので、あなたの「こうしてほしいな」という要望を素直に受け入れてくれる可能性が高いのです。

ただ一つ、こういうタイプの男性は、外見があなたのあまり好みではないことも多々あるでしょう。顔やスタイルを重視する女性の場合、そこが合致しないと難しいかもしれません。

Rule 19 女性慣れしていない男性ほど、溺愛ループの効果は絶大！

ただし、「中身はいいんだけど、ちょっとダサいんだよなぁ」という場合は、そこから外見を改善できる可能性があります。男性の外見や雰囲気というのは、髪型と服装で大きく変わるので、そこを変えたら見違える、ということはよくあります。

「○○君って、このモデルに似てない？　こういう髪型似合いそう！」
「これは完全に私の趣味なんだけど、白シャツにジャケットをプレゼントしたら着てくれる？」

と言って、自分の好みを押し付けてみましょう。

なんでもあなたの要望を叶えてあげたい、という状態の彼なら、あなたのためにしぶしぶでもイメチェンしてくれるかもしれません。

女性慣れしていない男性は、溺愛ループをしっかり回せば、中身も外見も自分好みの男性に変身してくれる可能性を秘めているのです。

女性慣れしている
男性は、やりがいのある
難しい的を出さなければ
ならない。

Rule 20

Rule 20

女性慣れしている男性は、
やりがいのある難しい的を
出さなければならない。

Point

女性の扱いに慣れている男性は、黙っていても喜ばせてくれますが、ただ喜んでいるだけだと彼は物足りなくなってしまいます。

女性の扱いに慣れている男性、モテる男性は、こちらが特に的を出さなくてもスムーズにエスコートしてくれ、喜ぶことをたくさんしてくれます。彼がやってくれることにただ感謝していれば、楽しくデートできるでしょう。

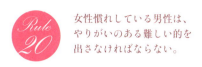

でも、そんなデートを繰り返しているだけだと、そのうち彼は物足りなくなってしまいます。

モテる男性がそうやって女性を喜ばせる行動ができるのは、それを身につけようと努力してきたからです。本や雑誌に書いてあることを実践してきたのかもしれないし、これまでの歴代の彼女に出された的を一つ一つクリアする過程で、身につけてきたのかもしれません。

それなのに、デート相手の女の子が一向に的を出さず、彼にとってはもはや当たり前にできる行動の数々に、ただ喜んで感謝しているだけだと、「俺が幸せにしているんだ」という実感が得られないのです。物足りないのです。

だから、こういう男性ほど、的を出さなければいけません。

しかもそれは彼が当たり前にできる的ではなくて、ちょっと難しい的、彼にとってチャレンジングな的を出しましょう。やりがいをプレゼントするのです。デートプランが完璧すぎて、デート中に的を出す隙がなければ、宿題を出してもいいので、的を出してください。

彼の仕事や趣味に関することだと、チャレンジのしがいがあるかもしれません。

Rule 20

女性慣れしている男性は、やりがいのある難しい的を出さなければならない。

「○○について、私でもわかる初心者向けの本を選んでほしいな」

「私も今度○○に旅行行くから、おすすめのお店リストを作ってほしい」

「○○レストラン、予約とるの大変なんでしょ？　いつか行ってみたいなぁ」

かぐや姫ばりに無理難題でもいいので、「俺だからこそできるはず！」と彼がメラメラ燃えるような的を出してみてください。

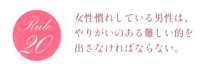

年下男子は、
あなたに頼られたら、
張り切って叶えて
あげたいと思うもの。

Rule 21

Rule 21

年下男子は、あなたに頼られたら、張り切って叶えてあげたいと思うもの。

Point

年下男子に甘えていいのかな、と遠慮する女性がいますが、年下だからこそ甘えてください。

ここ数年、クライアントさんでも年下男子とお付き合いしていたり、5歳以上年下の男子と結婚する例が増えてきています。

気になる年下男子がいる、年下男子とお付き合いしたい、という方も多いのではないでしょうか。そんな時、気を付けてほしいのは、遠慮しないで甘えてください、ということです。

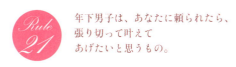

溺愛ループは年下男子にも有効なのです。

年の差が結構ある場合、ついついお姉さんぶったり、甘えてはいけないのでは、と遠慮する女性がいますが、逆です。年の差があるからこそ、存分に甘えてください。

年上の仕事のできるお姉さんとデートしている年下男子君は、「俺なんかで幸せにできるのかな？」と少し不安を抱えながらデートしているのです。そこで、遠慮せず的を出して3回感謝すると、その不安が吹き飛び、自信になるのです。張り切って叶えてあげたくなります。


女性に甘えるのが上手でいつもじゃれて甘えてくる、というタイプの男性でも、時には的を出して、彼に「俺が彼女を幸せにしているんだ」と実感してもらってくださいね。

この自信が持てないと、交際の申し込みやプロポーズする勇気が出ないのです。

何度もデートしているけどなかなか進展しないな、と思っている方は、もしかしたらそこの自信が足りないのかもしれません。ぜひ的を出して、彼が張り切って叶える場面を作ってくださいね。

「男性を追いかけてはだめ！」には理由がある。

Rule 22

Point

男性はボールを投げたいのです。あなたが投げないでください。

好きな男性を追いかけたい、尽くしたい、追いかけているわくわく感が好き、という女性がいます。残念ながら、それを続けている限り、男性に溺愛されるのは難しいです。

なぜなら、男性は「女性を幸せにしたい」と思っているのです。自分がボールを投げたい、と振りかぶっているのです。そんな男性に対して、「私にボールを投げさせて」という女性が現れても、困ってしまいます。

ピッチャーは一人でいいのです。優しい男性なら、その場では、その女性のボールを受け取ってくれるかもしれませんが、それでは男性の本

Rule 22 「男性を追いかけてはだめ！」には理由がある。

質は満たされません。ほかに男性の本質を満たしてくれる女性が現れたら、そっちに行ってしまいます。

もしも、好かれたくて一生懸命尽くしているのならば、それは逆効果なのでやめてください。男性が興味ないことにいくら力を注いでも、男性の気持ちは傾きません。

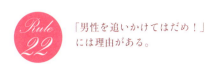

人によっては、こういう反論があるかもしれません。
「私は本能のままに恋愛したいんです！　頭で考えて溺愛される方法なんてできません。尽くすのが好きだから、なんでもやってあげたいんです！」という方は、してもらってもいいんですが、その行動と男性の本質を満たす行動は相反することがたくさんあります。

なので、どちらか決めてください。自分は本能のままに突っ走る恋愛がしたい、が目的なのか。それとも、好きな男性に溺愛されることが目的なのか。

もしも、今までの恋愛で失敗してきた自分じゃいやだ、と思うのならば、試しに溺愛ループを回してみてください。男性の違う一面を見ることができて、私も溺愛されたい、という気持ちになるかもしれません。

第3章

ずっと愛され続ける女になる

「溺愛理論」応用編

Advanced

とにかく、男性を
コントロール
しようとしないこと。

Rule 23

Rule 23

とにかく、男性をコントロールしようとしないこと。

Point

的を出しても、やるかどうかは彼次第。ただし、的は出し続けること。

お付き合いが始まったら、結婚したら、女性はどうしても図々しくなっていくものです。

彼氏なんだから、夫なんだから、これをしてもらって当たり前、と無意識のうちに考えるようになってしまいます。そして、期待したことをやってくれなかった時に、「やってくれないなんて、私のことを好きじゃないの!?」「愛しているならこうしてくれるはず！」と愛情と引き換えに相手をコントロールしたくなってしまいます。

ここは混同しがちなので気を付けてほしいのですが、男性が期待した行動をやってくれるかどうかと、愛情は全く別の話です。

記念日をお祝いしてくれないのは、愛情がないからではなくて、単に記念日を忘れていただけか、お祝いするのが照れ臭かっただけです。いちいち愛情を疑って、不安になったり怒ったりしないでくださいね。

溺愛ループを回し続ければ、男性はあなたを喜ばせたい一心でかなり多くのことをやってくれるようになります。毎回女性に3回も感謝されれば、男としての自信もつくので、できること、してあげたいことも増えていくはずです。

ただし、それはあくまで男性が自発的にやること。 Aをやってくれるんだから B もやってくれて当然、とはならないのです。

男性は A をやることは得意で好きなことだけど、B は好きじゃない、B はうまくできるか自信がないからやりたくない、ということだってあるわけです。

Rule 23

とにかく、男性をコントロールしようとしないこと。

何をやるか、いつやるかは男性の自由です。そこをコントロールされるのは、男性は大嫌い。なぜなら、「いつやってくれるのかしら？」とか「本当にやってくれてるのかな？」という態度をとってしまうと、「俺のやり方では幸せになれないと思われているのか!? 俺は信頼されていない！」と男性の本質が満たされなくて悲しくなってしまうのです。的を出したら、あとは彼にお任せです。

私も、つい最近も、いつやるのかをコントロールしようとして失敗してしまいました。

私が体調が悪くて寝ていた時に、主人に洗濯機を回すことをお願いしたんですね。でもその時にすぐ回してくれなくて、乾燥機に入れる時間も考えたらそろそろ回さなきゃいけないのに、とやきもきしていました。それで「洗濯機回すの忘れないでね」ともう一度声をかけたのですが、何かをやっている最中で生返事だったので、「もう、洗濯くらいすぐやってくれたらいいのに！」とぷりぷりしながら自分で洗濯機に入れていたら、「俺がやるってば。寝ててよ」とちょっとムッとした顔で言われました。

この時の彼の気持ちを代弁するならば「体調が悪い妻のために家事をして幸せにしてあげようとしたのに、おとなしく寝ててくれない。信頼されていなくて悲しい」です。彼がやってくれると言ったのだから、彼を信頼して、いつどんなふうにやるか彼にお任せすべきだったのです。

もしもいつやってほしい、というのが明確にあるならば、「10時までに洗濯機を回してほしいな」というように、いつやってほしいのかも具体的に的に出すべきでした。

もちろん、やってくれるかどうかは彼次第とはいえ、的はしっかり出してくださいね。

「やってくれるかどうかわからないけど、言うだけ言ってみよう」くらいの気軽な気持ちで言ってみてください。

Rule 23

とにかく、男性をコントロールしようとしないこと。

普段からそうやって気軽にいろんな的を出していると、正直女性もいちいち的を覚えていないので、「いつやってくれるのかしら？」とじーっと監視せずにすみます。

そして、案外そうやって気軽に言ったことを、忘れた頃に叶えてくれたりするものなのです。

自分にとってと彼にとっての「当たり前」は違う。

Rule 24

Rule 24

自分にとってと彼にとっての「当たり前」は違う。

Point

男性は「何も言わない＝何も問題がない」と考えます。私はこうしたい、と遠慮なく伝えましょう。

どんなに溺愛されていても、まだ付き合って日が浅いうちは、お互いの価値観のすり合わせが必要です。

自分にとって当たり前のことが彼にとってはそうではない、というのはよくあることですよね。考え方も育った環境も違う他人同士が信頼関係を築いていくのですから、お互いに何が嫌で何が良いのか、をすり合わせていかなければなりません。

その時に覚えておいてほしいことがあります。それは、男性は「何も言わないってことはオールオッケーなんだな」と考えるということです。

女性同士だと、何も言わなくても相手の表情から「あれ？　何か気になることがあるのかな？」と勘づいて声をかけたり気遣ったり、ということがありますよね。

ですが、男性は違います。何も言わない＝何も不満がない、と考えるのです。言葉に出さない表情の小さな変化には、気付くことができません。

なので、何も言わなくても彼が気付いてくれる奇跡には期待しないでください。言わなきゃ一生伝わらない、と肝に銘じて、嫌なこと、嬉しいこと、どんどん言葉ではっきり伝えてください。

付き合いたてはどうしても遠慮して言えなかったりするかもしれませんが、最初に我慢してしまうと、2回目に同じ状況になった時に、彼は当然それで何の問題もないと思っているし、自分も「こないだも言わなかったしなぁ」と言いづらくなってしまいます。彼は知らずしらずのうちに、毎回彼女が嫌がることをしてしまうことになるのです。それだと

女性と男性の認識の違い

何も言わなくても…（表情から）
「何か気になることあるのかな？」

何も言わない＝
「何も不満がない」

彼は逆にかわいそうですよね。

　というわけで、自分はこうしたい、こうしてほしい、というのは付き合って間もなくても、むしろ間もないからこそ、どんどん伝えていきましょう。

　彼の言動に「あれ？」と思った時も、その場ですぐに言葉で伝えるようにしましょう。そして、**伝える時は、ただこれは嫌だ、というのではなくて、どうしてほしいのかを的の形で伝えましょう。まわりくどい言い方ではなく、具体的に明確に「私は○○したい」と伝えてください。**

あるクライアントさんは、彼となかなかデートできないことが不満でした。彼が仕事が忙しくて疲れ切っているのはわかっていたけれども、一か月も二か月も会えないこともあり、他に女性がいるのではないかと不安でもありました。

よくよく話を聞いてみると、彼とデートする時は、毎回一日がかりの遠出デート。そりゃあ体力がある時じゃないと、できないですよね。

そこで、「遠出デートではなくて、簡単にご飯を食べるだけでも、お家デートでもいいから、二週間に一回は会いたい」と的を出しました。するど、彼も「毎回出かけなくてもいいんだな」と気が付いて、お家デートのお誘いがあったそうです。

彼がよかれと思ってやっていることや、付き合ったらこうするものだよな、という思い込みでやっていることもたくさんあります。「私の場合はこうしてほしいです」と伝えてあげるのは、彼にとっても負担が減って、ありがたいことでもあるのです。

Rule 24 自分にとってと彼にとっての「当たり前」は違う。

あなたの幸せに一ミリも貢献しないことに、彼がせっせと時間や気力、体力を割くほど、双方にとって無駄なことはないですから。

仕事に遊びに忙しい男性に「私を効率よく幸せにする秘伝書」を伝授してあげるつもりで、してほしいことは遠慮せず、的の形でどんどん伝えてくださいね。

Rule 25

男性は話し合いが苦手なもの。溺愛に正論は不要。

Rule 25

男性は話し合いが苦手なもの。
溺愛に正論は不要。

Point

女性が「話し合いましょう」と言う時は、得てして話し合いではなくて、私は正しいということを主張する場になってしまいます。

男性と何か衝突した時に、真剣に「話し合いましょう」と言っても、露骨に嫌な顔をして応じてもらえなかったり、話を聞いてもらえなかった経験はありませんか？

ただでさえ腹に据えかねていることがあるから話し合おうと言っているのに、そんな態度をとられた日には、はらわたが煮えくり返る思いがするでしょう。なんて不誠実な男だと思うかもしれませんが、実はそれが男性の自然な反応なのです。

男性は話し合いが苦手です。特に、女性が眉間にしわを寄せて真剣に「話し合いましょう」と言ってくるのは、恐怖でしかないのです。

なぜならそういう時の女性は、話し合いという名の「自分の意見がいかに正しいかを主張する場」をもうけたいと思っているのです。自分の意見が正しいことを主張し、彼の意見を論破して、自分の意見を押し通したいのです。実際、そういう場合、女性が正論を述べていて、女性の意見が正しいことも多いのですが、問題はそこではないのです。

その話し合いは何のためにするのかを考えてください。目的は、自分の意見を通すことですか？　それとも溺愛されることですか？　実は、どちらの場合も、話し合いは逆効果です。

自分の意見を通したくて話し合いをする場合、必然的に彼の意見を論破しようとします。男性はそうやって攻撃された、と思うと自分の正しさを主張するために、強く反撃に出ることがあります。

時としてわざと傷つくことを言ったり、怒らせるようなことを言って優位に立とうとします。そして、そんな状態の男性に何を言っても「＃＄％！！（訳：俺が正しい）」と聞く耳を持たなくなってしまいます。

Rule 25
男性は話し合いが苦手なもの。溺愛に正論は不要。

次に、溺愛されたくて話し合いをする場合。溺愛されるために一番大切なことは、男性の本質を満たすことでしたね。話し合いをして、自分の意見が正しくて彼の意見は間違っていると主張すると、どんなに丁寧な言葉で話そうと、それはつまり、「あなたのやり方では、私は幸せになれませんから」と主張することになってしまうのです。

女性を幸せにしたいという男性の本質に反した行動です。

では、溺愛されながら自分の意見を通すためには、どうしたらいいかというと、正しいとか正しくないとか主張する必要はないのです。

「私はこうしたい。だってこんなふうに幸せになれるから」と的の形で伝えるのです。理由は別に正しいとか正しくないとかは関係なくて、しいて言うならば私が幸せだから、で十分です。

話し合いではなくて、的として伝えれば、男性も怖い思いや悲しい思いをしなくてすむし、あなたも無駄に反撃されたり傷つかずにすみます。やってほしいことがあるのではなくて、やめてほしいことがあるから話し合いたい、という場合を次のルールで説明します。

Rule 26

嫌なことを
やめてもらうのも、
やっぱり的を出す。

Rule 26 嫌なことをやめてもらうのも、やっぱり的を出す。

Point

世間や常識ではなく、あなたがこうしてほしいから、と伝えましょう。男性は世間ではなくて、あなたを幸せにしたいのです。

溺愛理論は彼にやってほしいことを的に出してやってもらう方法ですが、逆にやめてほしいことを伝えたい時は、どうしたらいいでしょうか？

実はその場合も同じです。的として出しましょう。

Aをやめてほしい時は、その逆のBをやってほしい、という要望が隠れていたりしませんか？

たとえば、「デートの当日になってから何をするか決めるのはやめてほしい」と言う時は、その逆の「事前にデートプランを決めたい」という要望が隠れていますよね？　そうしたら、それを的にして伝えるのです。

「デートの内容に合わせて着て行くお洋服を決めたいから、事前にどこに行くか決めたいな」と的を出しましょう。

それで彼が「今週の土曜は、代官山に行こう」と事前に決めてくれたとします。そうしたら3回感謝ですね。

決めてくれた直後に1回目の感謝。「決めてくれてありがとう！　代官山なら○○でランチしたいな。楽しみ！」

デートの当日に待ち合わせ場所で「じゃーん、今日は代官山っぽいコーディネートにしたよ！」

デートの別れ際に「事前に決めてくれてありがとうね。代官山コーデでの代官山デートすっごく楽しかった！」

おそらく彼は代官山コーデとか言われてもよくわからないと思いますが、「なんかわかんないけど楽しんでくれてよかった」と幸せな気持ちで帰路につくはずです。

事前にデートのプランを決めたい場合

デートの内容に合わせて着て行くお洋服を決めたいから事前にどこに行くか決めたいな
普通は当日にデートの行き先を決めたりしないよ

これを「デートの当日までどこに行くのかわからないのは嫌だ」と伝えても、どうして嫌なのか、どうしてほしいのかが具体的にわかりません。彼も何をしたらいいのかわからないと、すぐに行動に移すことができないのです。

一つ注意することは、AではなくてBをやってほしい時は、あくまで「Bをやってほしい」とだけ伝えることです。「Aをやめてほしい」とはっきり言う必要はありません。ここで、「普通はAはしないでしょ。Bをやってほしい」と言うと、一気に彼の抵抗が強くなってしまいます。

たとえばさっきの例で言うと、「普通は当日にデートの行き先を決めたりしないよ。事前にどこに行くか決めたい」という言い方をしてしまうと、一気に彼が常識に反して彼女を幸せにしない男、と責めてしまう形になってしまうのです。

そして、男性は「普通は」とか「常識的に」と言われるのが大嫌い。後半の台詞はもう耳に入りません。拗ねてしまうだけなので、余計なことは言わないで、ただ「どうしてほしいのか」的を出しましょう。

「おかん」になるのは溺愛を遠ざける行動。

Rule 27

Point

おかんを彷彿《ほうふつ》とさせる行動は避けよう。世話を焼かれても便利だな、としか思いません。

おかんのような行動はしないでください。

おかんは溺愛の真逆である、と意識してください。男性はおかんが大好きですが、おかんは一人でいいのです。

そしてあくまでおかんは母親なので、溺愛の対象ではありません。今の行動おかんっぽいな、という時はたいてい男性にうざがられます。結婚した後ならまだしも、結婚する前からおかんのような行動をとってしまうと、プロポーズが遠のきます。

おかんのような行動とは、すなわち、かいがいしく世話を焼く行為で

Rule 27
「おかん」になるのは溺愛を遠ざける行動。

す。たとえば、こんなことです。

・頼まれてもいないのに、彼の部屋の掃除をしてあげる
・頼まれてもいないのに、ごはんを作って待っている
・栄養のあるもの食べなきゃダメだよ、と口を酸っぱくして言う
・保険とか入っている？　将来のこと考えなきゃダメだよ、と言う
・「あなたのためを思って」と余計なアドバイスをする

なぜか女性は恋愛をすると母性を刺激されるのか、相手の世話を焼いて、かいがいしく尽くしたくなります。

しかし、尽くしたいのは男性です。どんなに女性が尽くしても、男性が何かしてあげるチャンスがないと、「好きな女性に尽くしたい、女性を幸せにしたい」という男性の本質が満たされません。

もしかしたら、最初の数回は喜んでくれるかもしれませんが、こんなおかんのような行動を続けていると、「便利だな」という悲しい感想し

か浮かんでこなくなるんです。

逆に女性は、最初の数回は浮かれながら、単純に喜んでほしいという気持ちでやっていても、何回もやってあげるうちに「せっかく作ってあげているのに、感謝の気持ちが見られない」と感謝を強要したくなります。そして、それでも感謝してくれないと、不機嫌になったり、いらついたりしてしまいます。

男性からしてみたら、一方的に尽くされても、「女性を幸せにしたい」という気持ちは一ミリも満たされない上に、感謝を強要されるのですから、全然楽しくないのです。

もしも今好きな人がいて、彼のためにいろいろと尽くしてあげたい気持ちでいっぱいの女性は、それをやってあげるのはあくまで自己満足のためで、彼のためではないと意識してくださいね。

これは好かれたくてやっているんじゃなくて、私がやりたくてやっているだけ、むしろ、楽しいことをやらせてくれてありがとう、と思うのです。

たとえばごはんを作ってあげた時に「あなたのために作ってあげたのよ」という態度で来られると、男性はなんだか感謝を強要されているなぁと感じます。でもそれが逆に「私の作ったごはんを誰かに食べてもらうの好きなんだよね。おいしそうに食べてくれてありがとう」と言われると、自分が彼女を幸せにしているんだ、と思えて嬉しいのです。

私はそんなふうに思えない、という方は、せっせと尽くす役割は彼にお任せして、頼まれた時だけ何かするようにしましょう。尽くしたいのは男性の方なのですから、不機嫌になってまで尽くす必要はないのです。

溺愛される女性の心得

男性は交際を申し込む時、プロポーズする時、
「彼女を絶対に幸せにしたい」と大きな決意をしてくれます。
そのままのあなたを愛してくれているのです。
好かれようと、無理したり、我慢する必要はありません。
何も言わずに諦める必要もありません。
ただ、少し頭を使って、男性が行動しやすい的の形にして、
してほしいことをなんでも伝えればいいだけです。
伝え方さえ気を付けて溺愛ループを回したら、どうせ溺愛されるのだから。
もしかしたら、的を出してもやってくれないこともあるかもしれません。
習慣を変えてもらうのには、時間がかかるかもしれません。
それでも、10年後に理想通りの夫になってくれたらいいなぁという
気長な気持ちで、どーんと構えていてくださいね。
溺愛される女性は、彼の愛を決して疑わないのです。

Special Pages

巻末スペシャル

溺愛される台詞集

的を出して3回感謝することはわかったけど、どんなふうに言えばいいかわからない、という方のために、具体的な台詞集を用意しました。この台詞のまま言うだけでいいので、まずは実際に男性に溺愛ループを回してみて、その効果を実感してくださいね。そして、80ページにも書きましたが、ぶりっ子だと思われることを恐れずに、男性が「こんなに喜んでくれるなんて、やってよかったな」と思えるくらい大げさに喜んでくださいね。

表記

的…的出しの台詞　1…1回目の感謝　2…2回目の感謝　3…3回目の感謝

1 次に会う予定を決めたい

的「仮の予定でもいいから、何日か何日なら早く帰れるかもしれない、とか教えてほしいな。私もその日あけときたいからさ」

1 (候補日を教えてくれたら)「ありがとう! 3日か5日なら私もあいているから、会えるかもしれないいって思っておくね」

2 (会えると連絡があったら)「連絡ありがとう。嬉しい! 予定ブロックしといてよかった!」

3 (帰り際)「久しぶりにデートできて楽しかった」

デートの日程を決めたいのに、予定を教えてくれない、とぷりぷりしている女性は、仮の予定を聞いてみましょう。予定を決めた後ドタキャンしたら悪いな、という気持ちから、確定するまで連絡できない、という男性もいます。予定が変わってもいいから、と言えば少し連絡しやすくなるかもしれません。

2 一度忙しいと断られたけど、またデートに誘いたい

的「今週もまだお仕事忙しいのかな? 気分転換に、週末にお出かけしようよ」

1 (会えることになったら)「嬉しい! 楽しみにしてるね」

2 (当日)「時間作ってくれてありがとう! 今日はいっぱい癒やしてあげるね」

3 （帰り際）「楽しかったね！ 明日からまたお仕事頑張ってね」

一度忙しいとデートを断られてしまったら、もう一度誘うことはせずに彼から誘われるのを永遠に待つ女子もいますが、こちらから誘ってもいいんですよ！ 彼女なんだから。もしも、「忙しいから無理」と言われたら「じゃあ忙しいのが終わったら、誘ってね」と言えばいいだけです。

的3 体調が悪い時にごはんを作りに来てほしい

「なんだか今日は体調が悪いから、お外デートじゃなくて、うちに来てごはん作ってほしいな」

1 （来てくれると言ったら）「ありがとう！ ○○くんの親子丼が食べたい」
2 （ごはんを食べて）「美味しい。ちょっと元気になった！ ありがとう」
3 （帰り際）「今日はごはん作りに来てくれてありがとう。おかげでゆっくり休めたよ」

体調が悪い時に気遣ってほしい、という女性は、具体的にどういう行動をしてくれたら自分にとって「気遣う」ことになるのか、まず自分自身で考えてみてくださいね。そして、それを的にしましょう。こんなこと言ったらわがままかな？ と心配する必要はありません。できないことは彼もやらないので、体調が悪い時くらい遠慮せずにやってほしいことを言ってみましょう。

1 プレゼントをおねだりしたい

的 「ねーねーもうすぐ私の誕生日だよ。プレゼント何が欲しいか聞かなくていいの？」

1 （何が欲しいの？と聞かれたら）「えへへ、聞いてくれてありがと」（雑誌を見せながら）「このブランドのピンクのカシミヤのマフラーが欲しいの」

2 （買ってくれると言ったら）「ほんとにー!? ありがとう！」

3 （彼が商品の情報やお店を検索してくれたら）「○○くんのそうやってすぐ調べてくれるところ大好き！ ありがとう」

プレゼントを買ってもらう時に大事なことは、彼に迷わせない、ということです。何を買えばいいか考えているうちにめんどくさくなって買わない、という事態になることもあるのです。何を欲しいか聞かれたら、ブランド名や商品名などがわかる雑誌やサイトを送ると、彼もこれを買えば喜ぶんだな、とわかって迷わず買うことができます。

2 プレゼントを渡した時にリアクションをしてほしい

的 「お誕生日おめでとう！ プレゼントだよ。今開けてよ〜感想聞きたいな」

1 （開けてくれたら）「丁寧に開けてくれてありがとう」

2 （感想を言ったら）「ほんと!? 喜んでくれて嬉しい!! よかったぁ」

3 （帰り際）「プレゼント喜んでくれるかすごく心配だったから、気に入ってくれて嬉しい」

普段からリアクションの薄い男性で、プレゼントを渡しても反応がわからない、という時は、感想聞きたいとはっきり聞いていいのです。もらえたこと自体に満足して、あなたが自分の感想を知りたいとは夢にも思っていない男性だっているのです。

3 彼が珍しくサプライズプレゼントをしてくれた時の喜び方

1 （サプライズプレゼントを受け取った瞬間）「え!? プレゼント用意してくれたの!? うそー! ありがとう!!」

2 （中を開けて）「わぁ、かわいい! すごく嬉しい! ありがとう!!」

3 （帰り際、プレゼントをぎゅっと抱きしめて）「これありがとう。ビックリしたけど、めちゃくちゃ嬉しかったよ」

彼が慣れないことをしてくれた時は、とにかくそれをしてくれたこと自体に喜びましょう。決して茶化したりしないでください。照れ隠しでも「サプライズなんてしちゃって、どうしたの? そういうキャラだったっけ?」なんてからかったら、二度としてくれなくなります。

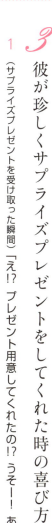

1 お風呂のカビ掃除をしてほしい

的「お風呂場のここにカビが生えちゃった。強い洗剤使うと私すぐのどが痛くなっちゃうから、お掃除してほしいなぁ」

1 （やってくれると言ったら）「ほんと～に助かる！　ありがとう」

2 （掃除してくれたら必ず見に行って）「わーピカピカになってる！　キレイにしてくれてありがとう」

3 （お風呂に入った後で）「お風呂が綺麗ですごくリラックスできたわ。ありがとう」

家事をしてほしい時は、具体的に何をしてほしいのかをしっかり伝えましょう。ただお風呂掃除してほしい、だけだと、そこにカビが生えていることに気付かないかもしれません。そして、やってくれたら見に行って、すぐに喜びを伝えるようにしましょう。

2 食器洗いを翌朝に持ち越さないでほしい

的 「暑くなってきたから、お皿洗わないで置いておくとにおいが出ちゃうのよね。虫が出たら心配だから、夜のうちに洗ってくれると嬉しいな」

1 （わかった、と言ってくれたら）「ありがとう!」

2 （彼が夜のうちに洗っておいてくれたら）「夜のうちに洗ってくれたんだね、助かる! ありがとう」

3 （夜に洗うのが習慣になってきたら）「いつも夜に洗っておいてくれてありがとうね」

いつまでにやってほしい、という要望があれば、必ずその期限も的に入れてくださいね。何も言わなかったのに「まだやってないの?」という態度をとると、「今やろうと思ってたのに」と彼は拗ねちゃいます。また、新しい習慣は身につけるまで時間がかかるので、うっかりやらないこともあるかもしれませんが、数回やらないことがあっても見て見ぬふりをして、できた時にしっかり感謝するようにしましょう。

おわりに

ただ「モテる」ことと「ずーっと溺愛され続ける」ことは違います。せっかくなら、彼氏ができること、結婚することをゴールにするのではなくて、その後も変わらずに、むしろそれ以上に溺愛され続けることを目指してほしいと思います。そのために女性ができるコミュニケーションのコツが「溺愛理論」です。

私はこの「溺愛理論」を身に付けたおかげで、結婚して七年がたちますが、毎晩寝る前に「私ってニューヨークイチ溺愛されているなぁ」と幸せな気持ちで眠りについています。主人も年々頼もしく、デキる男になってくれています。

そして、実はこの「溺愛理論」は恋愛だけではなく、すべての人間関係に応用できます。現代は、生き方も、幸せの形も、多様化しており、価値観は人によって大きく異なります。だから、相手に何も伝えずに、勝手に理解してもらえる、ということはあり得ません。自分の幸せは自分で責任を持って思い描き、伝えなければならないのです。その時に、溺愛理論の「やってほしいことを具体的に伝える」という能力は大いに役立つのです。
・嫌われたくなくて、無理をして相手に合わせる
・どうせ言っても変わらない、と我慢してやり過ごす
恋愛でも仕事でも、こんなことをしていると、自分がどんどん辛くなるだけだし、相手を勝手に悪者にしてしまうのです。勇気を出して、伝える努力をしてください。
その結果、周囲に応援されながら、自分に自信を持って多くのことに挑戦できるようになってほしいと思います。

最後になりましたが、本書を出版するにあたり、素敵なイラストを描いてくださったpaiさん、ニューヨークの思い出のレストランで撮影をしてくださった中山百さん、そして溺愛感溢れる一冊にデザインしてくださったアルビレオさん、編集を担当していただいた小澤由利子さんをはじめとするマガジンハウスの皆さま、ありがとうございました。

この本を実践することで、溺愛されて幸せな女性が増えますように。そして、好きな女性を溺愛できて自信を持てる男性が増えますように。

二〇一九年七月　ニューヨークにて　瀬里沢マリ

「溺愛理論」
27のルール
どうしようもなく愛される女になる

2019年7月25日　第1刷発行

著者
瀬里沢マリ

発行者
鉄尾周一

発行所
株式会社マガジンハウス
〒104-8003　東京都中央区銀座3-13-10
書籍編集部　☎03-3545-7030
受注センター ☎049-275-1811

印刷・製本
中央精版印刷株式会社

ISBN978-4-8387-3063-6 C0095